Osteuropa-Institut in Breslau
VORTRÄGE UND AUFSÄTZE
I. ABT.: RECHT UND WIRTSCHAFT · HEFT 4

DIE GERICHTSPRAXIS IN RUSSLAND ALS RECHTSSCHÖPFERIN

VON

DR. FRIEDRICH SCHÖNDORF
LEITER DER JURISTISCHEN BERATUNGSSTELLE
DES OSTEUROPA-INSTITUTS

Springer Fachmedien Wiesbaden GmbH 1922

Inhaltsverzeichnis.

		Seite
I.	Einleitung	1
II.	Fragen des allgemeinen Teils	4
III.	Fragen des Sachenrechts	7
VI.	Fragen des Rechts der Schuldverhältnisse	13
V.	Fragen des Familien- und Erbrechts	30
VI.	Fragen des internationalen Privatrechts	32

ISBN 978-3-663-15536-2 ISBN 978-3-663-16108-0 (eBook)
DOI 10.1007/978-3-663-16108-0

I.*)

Der Kampf um „Gesetz und Richter" beginnt abzuflauen. Die Frage ist genügend geklärt — die gegensätzlichen Meinungen treffen sich jetzt schon auf einer mittleren Linie. Um so interessanter ist es nunmehr, objektiv und unparteiisch einen Blick auf fremde Länder zu werfen, um zu sehen, wie sich dort die viel umstrittene Frage vom Charakter der richterlichen Tätigkeit in der Praxis gestaltet hat. Gewöhnlich denkt man, wenn man die freiere Stellung des Richters zum Gesetz suchen will, an England und Frankreich. Es ist aber bemerkenswert, daß auch in (dem vorbolschewikischen) Rußland, wo doch wahrlich eine wirkliche Unabhängigkeit des Richtertums nie bestand, die Gerichte, namentlich der höchste Gerichtshof („Regierender Senat") in seinem Zivilkassationsdepartement, aber auch das IV. Departement („Gerichtsdepartement") des Senats, trotzdem vielfach geradezu rechtsschöpferisch wirkten.[1]) Sie wurden freilich dazu durch die große Lückenhaftigkeit, Unklarheit und die zahlreichen Widersprüche des geschriebenen Rechts gezwungen, das eine Reihe von praktisch wichtigen Instituten gar nicht und eine Reihe anderer nur in äußerst mangelhafter, verschwommener oder verzerrter Gestalt kennt. Wie ging nun die Praxis vor?

Von Rechts wegen war sie zur Ausfüllung der Gesetzeslücken durch neue Rechtsgestaltung durchaus nicht befugt. Eine Bestimmung ähnlich Art. 2 schweiz. ZGB. oder § 7 österr. ABGB. oder Art. 10 bulgar. ZPO.[2]) fehlt. Im Gegenteil, Art. 9 ZPO. (von 1864) sagt ausdrücklich: „Alle Gerichte haben nach dem genauen Inhalt

*) Dieser Aufsatz lag bereits im Juni 1920 für die geplante Vierteljahrschrift des Osteuropa-Instituts „Osteuropäisches Archiv", deren Herausgabe sich leider nicht ermöglichen ließ, druckfertig vor.

1) Allerdings betrat der Senat konsequent diese Bahn erst seit den achtziger Jahren des vorigen Jahrhunderts. In den ersten zwei Jahrzehnten seines Bestehens huldigte dagegen das Kassationsgericht meist dem Buchstabenkultus und verdiente vollends die strenge Kritik, die ihm damals Oršanskij in dem bekannten Aufsatz „Das Kassationsgericht und unsere Gesetzgebung" (Isslědovanija po russkomu pravu, 323 f.) angedeihen ließ.

2) Vgl. Schöndorf, Sollen wir slavisches Recht studieren? J.W. L, 165.

der geltenden Gesetze zu urteilen und im Falle ihrer Unvollständigkeit, Unklarheit, eines Mangels oder Widerspruchs das Urteil auf dem allgemeinen Sinn der Gesetze zu gründen." Und zwei alte Kassationsentscheidungen des Senats (1879 N 82; 1869 N 642) haben den Ausspruch getan, daß sogar Gesetzesmotive nicht als „Ergänzung zum Text der Gesetze" aufgefaßt werden dürfen (anders 1890 N 40). Art. 9 wird nun in bemerkenswerter Weise durch den dem Art. 4 Code civil nachgebildeten Art. 10 ergänzt: „Es ist untersagt, das Urteil unter dem Vorwande der Unvollständigkeit, Unklarheit, des Mangels oder Widerspruchs der Gesetze zurückzuhalten. Für die Verletzung dieser Regel unterliegen die Schuldigen der Verantwortung, wie für Verweigerung der Rechtsprechung." Man wollte, wie die Motive zur ZPO. feststellen, mit den beiden Artikeln 9 und 10 eine Vermengung der richterlichen Gewalt mit der gesetzgebenden verhindern. Der Richter darf sich nicht bei Lückenhaftigkeit der Gesetze an den Gesetzgeber zwecks Entscheidung der Sache wenden, er muß sie selbst herbeiführen und wird dabei auf den Geist („allgemeinen Sinn") der Gesetze, d. h. auf die Rechtsanalogie verwiesen. Was nun, wenn auch diese versagt? Augenscheinlich hat man an diesen Fall gar nicht gedacht, sondern nahm, von der Vorstellung der Lückenlosigkeit des positiven Rechts ausgehend, an, daß jede Frage aus den Gesetzen heraus entschieden werden könne, daß die Entscheidung, zum mindesten verborgen, in ihnen immer vorhanden sei und daß man also im äußersten Fall mit der Rechtsanalogie, mit dem Operieren aus dem „allgemeinen Sinn" der Gesetze heraus sein Auskommen finden könne. Denn das Gewohnheitsrecht als Rechtsquelle spielt (wenn man von den Sondergerichten der Bauern und gewisser fremder Stämme im äußersten Norden und Osten des Reiches absieht) eine kaum nennenswerte Rolle im bürgerlichen Recht. Die ZPO. ließ es in beschränktem Umfange für die Friedensrichter zu (Art. 130). Bei der Reform 1912 wurde dieser Artikel zwar gestrichen und durch die allgemeinen Art. 10^1 und 10^2 ersetzt, die schon für alle Gerichte gelten sollen, aber inhaltlich bieten sie auch nur dasselbe, was früher Art. 130 verfügte. Art. 10^1 lautet: „Außer den Fällen, wo kraft des Gesetzes selbst die Anwendung der Gewohnheit vorgenommen ist, kann das Gericht sich bei der Urteilsfällung, wenn von der einen oder von beiden Parteien darauf hingewiesen wird, von allgemein bekannten örtlichen Gewohnheiten leiten lassen, falls die Anwendung der örtlichen Gewohnheiten ausdrücklich vom Gesetze gestattet ist oder in den Fällen, die von den Gesetzen nicht entschieden sind. Die Partei, die sich zur Bekräftigung ihrer Ansprüche auf eine dem Gericht unbekannte örtliche Gewohnheit beruft, hat deren Bestehen zu beweisen." Art. 10[2] fügt noch hinzu: „Bei der Entscheidung der Frage von dem Bestehen einer Gewohnheit kann das Gericht, außer der allgemeinen Beweismittel, auch frühere Entscheidungen in gleichartigen Sachen und Bescheinigungen der zuständigen Behörden in Betracht ziehen." Das Gericht darf also jedenfalls nicht von Amts wegen „die Gewohnheit" anwenden, sondern hat erst den Hinweis der Parteien darauf abzuwarten. Die „Gewohnheit" ist hier allerdings, wie schon eine ältere Entscheidung (1876 N 442) erläuterte, nicht im bloßen Sinne einer oft vorkommenden Tatsache aufzufassen, sondern als Rechtsquelle. Es ist dies „eine solche juristische Regel, die zwar im Gesetze nicht ausgedrückt ist, der aber die Bewohner einer bestimmten Gegend sich ständig unterwerfen und sie als bindende anerkennen" (Entsch. 1878 N 225). Sonst ist das Gewohnheitsrecht als Rechtsquelle noch in Art. 327 Bd. XI, T. 2 für Handelsgerichte zugelassen (vgl. auch Art. 1 HGB.) — hier hat das Gericht die Gewohnheit mangels einer entsprechenden gesetzlichen Bestimmung schon von Amts wegen anzuwenden.

Das Gewohnheitsrecht ist also jedenfalls im allgemeinen nicht imstande, die Lücken zu schließen. Eine Berufung auf die Grundsätze „der sog. Theorie des Rechts" im Urteil ist nach der Senatsentsch. 1891 N 62 unzulässig.[1])

Die Praxis war aber gezwungen, den Forderungen der neuen Zeit zu genügen, und konnte dies auch mit dem „allgemeinen Sinn" der aus der Zeit der Naturalwirtschaft und Leibeigenschaft stammenden Gesetze nicht erreichen. An die Vorschrift des Gesetzes gebunden, und da ferner gemäß Art. 711 Z. 2 ZPO die Gesetze, von denen sich das Gericht leiten ließ, im Urteil anzuführen sind, sucht der Senat nun jede Entscheidung mit einer scheinbar passenden Norm oder mindestens mit einer Analogie zu begründen. Zu diesem Zwecke ist er aber gezwungen, die sonderbarsten

1) Anders allerdings 1907 N 18: „Da der Kontokorrentvertrag dem Gesetze nicht widerspricht und gemäß Entsch. 1869 N 1292 und 1893 N 50 die Gerichte sich bei Auslegung der Gesetze von den allgemeinen Grundsätzen des Rechts leiten lassen dürfen, so hält es der Senat für angemessen, sich bei Feststellung der dem Kontokorrentvertrag eigenen Bedingungen an die Definition zu wenden, die die Wissenschaft diesem Vertrage gibt." Vgl. auch 1911 NN 16, 26.

Gedankensprünge zu vollführen. Man gewinnt ein Bild der vollendeten „Kryptosoziologie“, wie wir es aus der folgenden Darstellung zur Genüge ersehen werden.

II.

Erwähnen wir zuerst einige Fragen des allgemeinen Teils des Privatrechts.

Die juristischen Personen werden im Bd. X/1 des Svod Zakonov (den Zivilgesetzen) sehr stiefmütterlich behandelt. Er bietet fast keine Normen von allgemeiner Bedeutung. Und wenn auch noch andere Teile der Gesetzgebung Bestimmungen über verschiedene Arten von juristischen Personen enthalten (so namentlich das Handelsgesetzbuch, Bd. XI/2, über die offene Handelsgesellschaft, Kommandit- und Aktiengesellschaft, die Artel[1])), so sucht man auch dort vergeblich nach leitenden Grundsätzen. Hier hat nun leider auch die Kunst des Senats versagt. In manchen Entscheidungen finden sich zwar beachtenswerte Erwägungen, auch billige Ergebnisse, aber grundsätzliche Bedeutung haben sie nicht (vgl. 1884 N 53, 1871 N 520). Solcher Art ist vielleicht bloß die Entsch. 1878 N 108, welche den Fiskus für etwaigen Schaden wie eine physische Person haften ließ und den Umfang der Haftung nach dem guten oder bösen Glauben der Vertreter des Fiskus bemaß.

Das Recht auf die Firma ist dem russischen Gesetze unbekannt. Die Literatur meinte es verneinen zu müssen (nur Prof. Holmsten, Juridičeskaja Lětopiś, 1892 N 1, versuchte nachzuweisen, daß „bei uns das Gesetz viel mehr Schutzmittel des Firmenrechts bietet als dort, wo dieses Recht ausdrücklich anerkannt wird“!). Es ist unter diesen Umständen ein Verdienst des IV. Departements des Senats, dieses Recht fest begründet zu haben, 1883 N 2499, vgl. auch 1882 N 886, 1891 N 1526.

In der Lehre von den Sachen hat der Senat (Zivilkassationsdepartement) trotz Art. 384, der als unbewegliche Sachen Grundstücke, Häuser, Fabriken, allerlei Gebäude und leere Hofplätze wie auch Eisenbahnen anerkennt, zuerst Häuser, die auf Abbruch verkauft werden, als bewegliche Sachen behandelt (1876 N 127, 1877 N 149, 1879 N 226 u. a.), später (1894 N 76, 1896 N 28, 1901 N 6) auch Häuser, die auf fremdem Boden errichtet worden sind.

1) Die „Gesellschaften und Kompagnien“ sind nach Art. 698 Z. 10 der Zivilgesetze juristische Personen.

Übergehen wir einige andere Fragen, bei deren Beantwortung die Praxis Gelegenheit hatte, praeter oder sogar contra legem zu judizieren, und wenden wir uns den fehlerhaften Rechtsgeschäften zu. Darüber gibt der X. Band keine allgemeinen Regeln, und die Terminologie ist schwankend. Erst der Senat mußte die Unterscheidung zwischen Nichtigkeit und Anfechtbarkeit schaffen, was ihm übrigens durchaus nicht befriedigend gelang. Er findet, daß ein Vertrag entweder im öffentlichen Interesse oder bloß im Interesse der Kontrahenten für ungültig befunden werden kann. Im ersten Falle hat das Gericht von Amts wegen einzuschreiten, im zweiten die Klage der interessierten Partei abzuwarten. Es wird also auf diese Weise die Unterscheidung zwischen Nichtigkeit und Anfechtbarkeit durchgeführt; die weitere Teilung in absolute und relative Nichtigkeit bleibt unberücksichtigt. Aber auch das Merkmal des öffentlichen oder privaten Interesses muß erst in jedem Einzelfall festgestellt werden, was zu Zweifeln genügend Anlaß gibt. Bestimmungen, die im Interesse solcher Personen erlassen sind, die durch ein Rechtsgeschäft, welches unter Zwang oder durch Betrug oder aus Irrtum abgeschlossen wurde, Schaden erlitten haben, erzeugen nur Anfechtbarkeit (1890 N 9, 1880 N 214 und eine große Reihe anderer). Dasselbe gilt für Scheingeschäfte (schon 1870 N 551, dann besonders 1891 N 62). Ja sogar dann wurde bloße Anfechtbarkeit angenommen, wenn eine Gemeinde entgegen dem Gesetze eine Anleihe über eine bestimmte Summe hinaus ohne ministerielle Genehmigung aufnahm — diese Genehmigung sei ausschließlich im Interesse der Stadt vorgeschrieben, also könne nur die Stadtverwaltung selbst anfechten (1889 N 23)! Als Muster der von Amts wegen zu verfolgenden Nichtigkeit werden die Fälle 1 und 3—5 des Art. 1529 hingestellt — es handelt sich um Verträge, deren Zweck von den Gesetzen verboten ist, so namentlich wenn Trennung der Ehe oder Schädigung des Fiskus bezweckt wird. Auch für die Folgen von Formverletzungen gilt obige Unterscheidung — ist die Form im öffentlichen Interesse vorgeschrieben, so führt ihre Nichtbeachtung zur Nichtigkeit, sonst nur zur Anfechtbarkeit. Wie soll festgestellt werden, wann das eine oder das andere der Fall ist? Auch hier stoßen wir auf eine Kasuistik, die sehr anfechtbare Ergebnisse liefert.

Immerhin dürfen wir trotz den Mängeln der Senats-Rechtsprechung auf diesem Gebiete nicht übersehen, daß sie auch hier vielfach erst die modernen Grundlagen geschaffen hat. Denn das geschriebene Recht in Rußland kennt nicht einmal den Irrtum als allgemeinen Willensmangel, und Prof. Dmitrij Meier hat dementsprechend in seinem Lehrbuch auch ausgeführt, daß der Irrtum nach russischem Recht der Geltung eines Rechtsgeschäftes nicht schade, mit Ausnahme nur der Fälle, wo schon das Gesetz selbst das unter dem Einfluß eines Irrtums zustandegekommene Geschäft für ungültig ansehe (vgl. Art. 1026: Irrtum in der Person des Erben oder in den Nachlaßsachen). Der Einfluß des Irrtums wurde in einer Reihe von Entscheidungen festgelegt (s. namentlich 1884 N 28, 1890 N 9, 1899 N 60 u. a.). Beim Betruge hat der Senat in ständiger Rechtsprechung aufgeklärt, daß nicht bloß der strafbare Betrug einen Anfechtungsgrund liefere, und die Unterscheidung zwischen Betrug und Täuschung durchgeführt (1878 N 129, 1890 N 9, 1901 N 86 usw.). Die Begründung lautete: „Der freie Wille der Kontrahenten wird nicht nur durch strafbaren Betrug ausgeschlossen, sondern auch im Falle der Verleitung der betrogenen Partei zum Abschlusse eines unvorteilhaften Rechtsgeschäftes mittels falscher Versicherungen oder durch Verschweigen der Wahrheit, selbst ohne jene Merkmale, die den Betrug zum strafbaren machen, denn zahlreiche Artikel der geltenden Zivilgesetze enthalten Hinweise auf die Pflicht der Parteien und des Gerichts, die Beziehungen der Kontrahenten nach gutem Gewissen zu regeln, z. B. Art. 569, 609—643, 1628 und 1539.“ Es genügt ein Blick auf diese Artikel, um sich zu überzeugen, wie hohl diese Beweisführung ist. Die „geltenden Zivilgesetze“ regeln in den angeführten Stellen ganz andere Fragen: „Jeder Vertrag und jede Obligation, die richtig abgeschlossen sind, legen den Kontrahenten die Pflicht auf, sie zu erfüllen,“ besagt der erste der genannten Artikel; 609 ff. behandeln die Entschädigung für den Besitz fremder Sachen; in 1628 ist die Rede von Hypotheken und in 1539 von der Vertragsauslegung „nach gutem Gewissen“. Ungefähr mit gleichen Mitteln hat in neuerer Zeit das Zivilkassationsdepartement, entgegen seiner frühern Praxis, aber im Anschluß an die Rechtsprechung des IV. Departements, den Art. 702 (entnommen dem Gesetzbuch des Zaren Alexei Michailovič von 1649!), der nur physischen Zwang kennt, bedenkenlos dahin „interpretiert“, daß auch Drohung darunter zu verstehen sei (1901 N 21).

Die Verjährung bildete den Anlaß zu einer unerquicklichen zweimaligen Frontveränderung des Senats. Es handelte sich um Kirchengüter. Unterliegen sie auch der Verjährung bzw. Ersitzung? Ursprünglich bejahte der Senat die Frage — und mit vollem Recht, denn hier ist gewiß die Rechtsparömie anwendbar: ubi lex non distinguit, nec est distinguendum nobis. 1893 aber änderte der Senat seine Ansicht. In der Entscheidung N 9 aus diesem Jahre wurde der Grundsatz aufgestellt: Kirchengüter unterliegen weder der Verjährung noch der Ersitzung. Man geht wohl nicht fehl, wenn man diesen plötzlichen Umschwung auf Rechnung der gerade damals beginnenden politischen Reaktion und der besonderen Gunst setzt, die sie der orthodoxen Kirche und ihren Interessen angedeihen ließ. Dem Einfluß des allmächtigen Oberprokurators der hl. Synode Pobědonoszev (der übrigens selbst ein bedeutender Zivilrechtslehrer war) konnte sich der Senat eben nicht entziehen. Nach Änderung der politischen Lage und Wegfall dieses unheilvollen Einflusses änderte auch der Senat wieder seine Ansicht. In N 2 von 1902 heißt es schon: „Die Regel von der zehnjährigen Verjährung erstreckt sich auf alle Arten von Vermögen, mit Ausnahme solcher, die durch ausdrückliche Gesetzesbestimmung (Art. 562^1, 563, 564 Bd. X/1) davon ausgeschlossen sind. Kirchengüter aber und Ländereien der Klöster und der Bischofssitze sind in den bürgerlichen Gesetzen nicht von der Verjährung ausgenommen und eine solche Ausnahme kann auch nicht den auf diese Güter sich beziehenden Artikeln des IX. Bandes des Svod (Art. 433, 446—449 — auf sie bezog sich die obige Entscheidung von 1893) entnommen werden." Man sieht — wo die Politik hereinspielte, hörte die Unabhängigkeit des höchsten Gerichtshofes auf, und je nach Bedarf fand er im Zivilgesetzbuch eine Lücke oder auch nicht.

III.

Im Sachenrecht hat die Praxis schon frühzeitig die Lehre vom Besitz durch eine Reihe von Entscheidungen ausgebaut. Die ZPO. kennt zwar besondere Besitzklagen und hat sie dem Friedensrichter zugewiesen (Art. 29, 34, 73). Aber das materielle Recht enthält über den Besitz so gut wie nichts.[1]) Es gebraucht sogar den Ausdruck „Besitz" („vladěnije"), „Besitzer" in dreifachem Sinne; 1. statt „Eigentumsrecht", „Eigentümer" (so in den Art. 424, 448, 513, 522 u. a.), 2. statt „Nießbrauch" — es wird dann vom „Recht des Besitzes" oder von „abgesondertem" oder „lebensläng-

1) Der Begriff des juristischen Besitzes ist überhaupt im russischen Recht spät zum Vorschein gekommen. Dem alten Recht war er unbekannt und erst die unter Katharina II. 1775 erlassene Verordnung über die Gouvernements hat den eigentlichen Besitzschutz eingeführt.

lichem Besitz“ gesprochen (vgl. Art. 514—521, 533[1] u. a.), endlich 3. im wahren Sinne einer faktischen Herrschaft über eine Sache. Der Senat hat nun den Besitzschutz auch zugunsten des Mieters und Pächters, des Pfandgläubigers, des lebenslänglichen Besitzers (Nießbrauchers) usw. anerkannt, ihn allerdings im Verhältnis dieser Personen zum Eigentümer versagt und an beweglichen Sachen überhaupt nicht zugelassen, den Begriff der Besitzstörung erst scharf erfaßt usw., vgl. 1871 N 600, 1873 N 782, 1874 N 587, 1875 N 26, 1876 NN 90, 239, 1877 N 244, 1880 N 235, 1893 N 34 u. a.

Die grundlegende Frage über den Zeitpunkt des Überganges des Eigentumsrechts auf den Erwerber einer Sache beantwortet das Gesetzbuch gar nicht. Aus einer Reihe von Artikeln des Bd. X T. 1 des Svod (Zivilgesetzbuch) und des Bd. XI T. 1 (Handelsgesetzbuch) glaubte der Senat den Grundsatz ableiten zu können, daß das Eigentumsrecht an einer (individuell bestimmten) beweglichen Sache schon im Moment des Vertragsabschlusses übergehe (1880 N 125, 1879 N 283, 1877 N 206, 1872 N 897). Angesichts der Wichtigkeit des Gegenstandes wollen wir die Beweisführung des Senats wiedergeben, man gewinnt auch an diesem Beispiel Einsicht in die Methode der oberstrichterlichen Rechtsprechung. Der Senat beruft sich also auf folgende Gesetzesstellen: 1. auf Art. 711; danach dürfen bewegliche Sachen auf alle gesetzliche Arten, ohne schriftliche Urkunden, auf Grund allein von mündlichen Verträgen und Vereinbarungen erworben werden; 2. auf Art. 1513, 1514, die bestimmen, daß, wenn der Verkäufer nach Erhalt der Kaufsumme die Sache nicht übergibt oder wenn der Käufer sie nicht annimmt, sie dazu vom Gericht angehalten werden — daraus wird geschlossen, daß das Eigentumsrecht an der verkauften Sache bereits im Moment des Vertragsabschlusses auf den Käufer übergegangen sei; 3. auf Art. 634, 635 der Handelsgesetze: der Kauf gilt als abgeschlossen, wenn er in das Buch des Börsen- oder Schiffsmaklers eingetragen ist. Daß alle diese Vorschriften kein schlüssiges Urteil über die vorliegende Frage ergeben, ist wohl einleuchtend, Art. 711 behandelt eine Formfrage, Art. 1513, 1514 regeln bloß die Beziehungen zwischen Verkäufer und Käufer, und das Handelsgesetz bietet in den angeführten Stellen eine Ausnahmeregel. Trotzdem hielt der Senat hartnäckig an seiner Anschauung fest, obschon sich in der Literatur gewichtige Stimmen zugunsten der anderen Lösung erklärten und die Tradition mit ebenso guten (oder schlechten) Gründen, unter Berufung auf andere Gesetzesstellen forderten. Man kann eben bei dem Stande der russischen Gesetzgebung, unter Anführung verschiedener, ganz anderen Zwecken dienender Artikel, sowohl das eine als das andere beweisen. Hätte der Senat sich entschlossen, ohne jegliche Zitate aus dem Svod, einfach zu erklären, daß Tradition unnötig sei, weil mangels einer ausdrücklichen Vorschrift der Übergang des Eigentums mit dem Moment des Vertragsabschlusses stattfinden müsse, da dies als das Natürliche und Selbstverständliche wohl in diesem Falle anzunehmen sei, so hätte eine solche Erklärung, weil sie ja tatsächlich das Zweckmäßige verfolgte, wohl mehr Eindruck gemacht als alle erzwungenen Beweisführungen.[1])

Für die Ersitzung verlangt der Senat weder Rechtstitel noch guten Glauben (1884 N 107, 1882 N 50, 1878 N 47). Hier ist aber schon nicht mehr von Rechtsschöpfung zu sprechen, der Senat hat einfach die im Gesetze vorhandene Lücke bestätigt. Was diese bedeutet, ist aber nicht schwer zu erraten. „Aus einer publica tutela, wie römische Juristen sie nannten, verwandelte sich die Ersitzung bei uns in eine Teilnehmerin von Verbrechen, wobei sie sogar eine doppelte Rolle spielt: der Hehlerin und der Anstifterin" (Vaśkovskij, Lehrb. d. bürg. R. II, 143). Die Ersitzung wurde eben in Rußland erst 1832 eingeführt, wobei man bei der Übertragung des Instituts aus dem Code Napoléon einfach vergaß, die Erfordernisse des Titels und des guten Glaubens zu erwähnen. Hier erwies sich also der Senat seiner hohen Aufgabe nicht gewachsen, er verstand es nicht, die leidliche Lücke zu füllen — wo er keine vermeintlichen Stützpunkte in irgendwelchen, wenn auch noch so entfernten Paragraphen fand, dort versagte auch seine schöpferische Gestaltungskraft.

Nach dem Wortlaut des Art. 1512 findet bei beweglichen Sachen kein Schutz des gutgläubigen Erwerbers statt.[2]) Hier hat die Praxis die unhaltbare Norm ins Gegenteil verkehrt (was Rosenberg, DJZ. 1918 N 19/20 entgangen ist). Sie schützt: 1. denjenigen, der im guten Glauben eine bewegliche Sache von

1) Der Entwurf des neuen russischen Zivilgesetzbuchs hat das Gegenteil festgelegt — wahrscheinlich unter dem Einfluß seines Vorbildes, des BGB. — und ging dabei so weit, daß er sogar das Constitutum possessorium nicht zuließ! Dagegen Schöndorf, Goldschmidts Z. 72, 367.

2) Der Artikel lautet: „Ist eine, wenn auch nicht offenbar gestohlene, bewegliche Sache ohne Bürgschaft gekauft und erweist sie sich später als gestohlen, so geht der Käufer ihrer verlustig und sie wird ihm zugunsten des wahren Eigentümers abgenommen, wobei es ihm überlassen bleibt, das bezahlte Geld vom Verkäufer zu fordern."

einem Besitzer erwarb, dem sie vom Eigentümer anvertraut war (Kassationsentsch. 1884 N 6, 1880 NN 302, 303 u. a.); 2. den gutgläubigen Erwerber gestohlener Inhaberpapiere (1886 N 33); 3. wurde festgestellt, daß Art. 1512 auf Käufe in einer öffentlichen Versteigerung unanwendbar sei, selbst wenn die Sachen gestohlen waren (1884 N 1, 1882 N 16). Zur Begründung berief sich der Senat im ersten Falle auf Art. 534, der dahin gedeutet wurde, daß jeder faktische Besitzer einer beweglichen Sache als ihr Eigentümer gelte und deshalb jedes vom Inhaber vorgenommene Rechtsgeschäft als ein vom Eigentümer vorgenommenes betrachtet werden müsse; werde nachher die Sache als Eigentum eines anderen anerkannt, so habe letzterer kein Vindikationsrecht gegenüber dem Dritten, sondern nur einen direkten Anspruch gegen den (früheren) Inhaber. Im zweiten Fall (Inhaberpapiere) mußte ein Spezialgesetz v. 17. Mai 1865 als „gesetzliche" Grundlage herhalten. Dieses Gesetz bestimmte zwar bloß, daß die damals neu eingeführten staatlichen 5 % „Bank-Billette" auf den Inhaber lauten dürfen, daß jeder Inhaber des Papiers als sein Eigentümer zu gelten habe und daß Verlusterklärungen nicht angenommen werden sollen. Aber die oben erwähnte Entscheidung aus dem Jahre 1886 verstand es, durch ausdehnende „Auslegung" dieses Gesetzes die allgemeine Vorschrift des Art. 1512 zu durchbrechen: alle Inhaberpapiere, sowohl die staatlichen als die von Privatgesellschaften herausgegebenen, seien das Eigentum des Inhabers und dürfen nicht dem Erwerber abgenommen werden, „denn sowohl diese als jene Papiere bilden ein Mittel des Kredits, der ohne freien und raschen Verkehr der Kreditzeichen unmöglich ist; und wenn die Staatsgewalt, im allgemeinen Interesse, die Verkehrsfreiheit der staatlichen Inhaberpapiere schützt, so unterliegen in demselben Ausmaße dem Schutze auch solche Papiere privater Gesellschaften und Anstalten, die mit Genehmigung der Regierung herausgegeben wurden, da vom freien und raschen Verkehr auch dieser Papiere nicht nur der Privat-, sondern auch der öffentliche Kredit abhängt". Was endlich den Fall der in einer Versteigerung erworbenen beweglichen Sachen betrifft, so machte sich hier der Senat die Sache sehr bequem, indem er Art. 1061 ZPO. heranzog, der bestimmt, daß in einer öffentlichen Versteigerung verkaufte Gegenstände jedenfalls beim Käufer verbleiben. Also, schließt der Senat, darf ein solcher Gegenstand selbst dann nicht dem Käufer abgenommen werden, wenn er sich als gestohlen erweisen sollte.

Als Neuschöpfungen der Gerichtspraxis im Nachbarrecht

seien erwähnt: die Regelung der nachbarlichen Beziehungen zweier Grundstücke anläßlich des Steigens oder Fallens eines fließenden Wassers und der damit verbundenen Überschwemmung eines Uferstreifens, das Recht des Durchgangs und der Durchfahrt u. a. Eine Reihe anderer Gegenstände blieb leider ohne Behandlung: so die Folgen einer das Nachbargrundstück gefährdenten Vertiefung, die Rechtsverhältnisse der Grenzbäume u. a.

Das Recht der Servitute hat der Senat erst schaffen müssen. Was darüber im Gesetze steht, beschränkt sich auf die Aufzählung einiger Servitute.[1]) Der Senat hatte zuerst ihre Entstehungsart zu bestimmen. Er fand, daß sie durch Ersitzung nicht entstehen können (1903 N 50), auch nicht durch testamentarische Verfügung (1892 N 76) — nur Gesetz und Vertrag sind nach der Senatspraxis Entstehungsgründe der Grunddienstbarkeiten, wobei aber letztere, mangels eines Grundbuchs in Rußland, noch durch den Obernotar „befestigt" werden müssen, genau so wie das Eigentum an Grundstücken. Der Senat schuf auch das dem Gesetzbuch unbekannte Fenster-Servitut in Häusern, die ursprünglich einem gemeinsamen Eigentümer gehörten, dann aber einzeln veräußert wurden (1889 N 40), wie auch die Gerechtigkeiten der Weide, der Tränke usw. Die Aufhebung der Dienstbarkeiten durch Verjährung wurde 1888 N 83 zugelassen („wenn ein stärkeres Recht, wie das Recht des vollen Eigentums, durch Nichtverfolgung im Laufe der Verjährungsfrist, verloren geht, so muß es um so eher mit minderen, nicht vollen Rechten geschehen, wie es die Servitute sind").

Ein in Rußland berühmtes Beispiel senatorischer Neuschöpfung bildet die Lösung der Frage von der Gültigkeit der zweiten Hypothek. Art. 1630 bestimmt: „Als Pfand darf man nur ein freies Gut geben und nehmen; darum ... 2) bleibt, wenn ein und dasselbe Gut in verschiedene Hände verpfändet wird, nur jenes Pfand gültig, für das die Urkunde vor den andern errichtet ist; den übrigen Darlehnsgläubigern verbleibt das Recht, Befriedigung vom Schuldner zu fordern." Zur Erklärung dieses altertümlichen Gesetzes mag bemerkt werden, daß es — aus dem Jahre 1737 stammt! Die neuere Gesetzgebung hat freilich eingesehen, daß daß das Verbot mehrerer Hypotheken in unserer Zeit undurchführbar ist. Sie hat aber nur einen zaghaften Schritt vorwärts getan. Es entstand in den 60er Jahren des vorigen Jahrhunderts der neue Art. 1630[1]: „Eine Ausnahme von der in Art. 1630 enthal-

1) Die technische Bezeichnung „Servitute" kommt übrigens nur in der Notariats-Ordnung (Art. 159 Z. 2) und einigen anderen Gesetzen aus neuerer Zeit vor.

tenen Regel wird in bezug auf Liegenschaften zugelassen, die bei staatlichen Kreditanstalten verpfändet sind; sie dürfen mit Wissen dieser Anstalten außerdem noch an Privatanstalten und -personen als Pfand gegeben werden. Ausnahmen in bezug auf Liegenschaften, die bei privaten Bankanstalten verpfändet sind, sind in den Satzungen dieser Anstalten dargelegt." Nun hat der Senat, um die Möglichkeit zweiter Hypotheken auf solche Grundstücke zu schaffen, auf die die erste Hypothek von Privaten (nicht von Banken) gegeben war, sich bedenkenlos über den klaren Wortlaut des Art. 1630[1] hinweggesetzt. Die Entsch. 1889 N 88 fand, daß auch in solchen Fällen eine zweite, dritte usw. Hypothek zulässig ist, unter der Voraussetzung, daß den der Zeit nach älteren Hypothekargläubigern das Recht der vorzugsweisen Befriedigung aus dem Grundstück überlassen wird. Zur Begründung wird auf Art. 1215 ZPO. (aus dem Jahre 1864) verwiesen, der von der Zwangsvollstreckung in Grundstücken handelt und unter anderm bestimmt, daß aus dem Erlös die durch eine Hypothek gesicherten Forderungen nach dem Alter der Hypotheken befriedigt werden sollen. Diese prozessuale Vorschrift wird nun benützt, um der ältern Regel des materiellen Rechts den Garaus zu machen. Noch in einer andern Entscheidung befaßte sich der Senat mit der Auslegung des Art. 1630. In N 28 von 1881 legte er ihm den Sinn unter, daß dort bloß die Rede von einem Gläubiger sei, der die Sicherheit der ursprünglichen Deckung antasten würde, in diesem Falle sei die zweite Hypothek unzulässig — „die Ungültigkeit der Verpfändung eines unter Sperre befindlichen (bereits verpfändeten) Grundstücks darf nicht im absoluten Sinne verstanden werden. Solche Verpfändung ist nur insofern ungültig, als sie irgendwie den ersten Gläubiger schädigt ... das in Art. 1630 enthaltene Gesetz war nur auf Verhinderung von Kollisionen gleichartiger und sich gegenseitig ausschließender Rechte gerichtet. Aber es berührte gar nicht solche Vereinbarungen zwischen Eigentümer und Darlehnsgläubiger, in denen die Sicherung für genügend angesehen wurde, wenn auch nicht in dem dem ersten Hypothekargläubiger eingeräumten Umfange. Wenn der Wert des verpfändeten Grundstücks die Summe des bereits erteilten Darlehns überstieg, so hörte das Grundstück nicht auf, Gegenstand der Sicherung von Rechtsgeschäften zu sein und der verbleibende Wertüberschuß konnte von andern Personen in Betracht gezogen werden, die den Eigentümer eben im Hinblick auf ihre Deckung durch diesen Überschuß und ohne die geringste Beeinträchtigung der Rechte aus der ersten Hypothek kreditierten. In früherer Zeit hat der Gesetzgeber solche Verträge gar nicht berücksichtigt. Sie wurden von den Bedürfnissen des gering entwickelten Verkehrs nicht hervorgerufen, waren aber aber auch nicht verboten, denn sie widersprachen nicht den öffentlichen und privaten Interessen, sie wurden bloß vom Gesetze nicht geregelt. Jetzt, wo das entwickelte Wirtschaftsleben nach solchen Verträgen verlangt, kann nicht aus Art. 1630 ein Verbot ihrer Errichtung gefolgert werden". Durch diese originelle „Auslegung" ist Art. 1630 entgegen seinem klaren Wortlaut glücklich in das Gegenteil verkehrt worden! Aber auch Art. 1630[1] kommt jetzt in ein anderes Licht. Die dort für den Fall der Bankenhypothek eingeräumte Befugnis ist in Wahrheit keine Ausnahme. Es war bloß der Durchbruchspunkt, bei dem der neue Grundsatz zum Vorschein kam. Nicht darum wurde dort die spätere Hypothek zugelassen, weil man angeblich annahm, daß es sich um Produktivkredit handle (wie dies Rosenberg a. a. O. darstellt), sondern aus einem andern viel einfachern Grunde — „wenn der allgemeine Satz, daß eine spätere Verpfändung unter der Bedingung der Aufrechterhaltung der frühern zulässig sei, ausdrücklich nur bei Verpfändung an Banken ausgesprochen wurde, so erklärt sich dies zweifellos daraus, daß die Banken einer genauen Bestimmung aller Handlungen bedurften, die ihnen und ihren Schuldnern erlaubt sind" (aus der Senatsentsch. 1881 N 28).

IV.

Im Recht der Schuldverhältnisse bot sich dem Senat ein besonders reiches Betätigungsfeld dar. „Im Bd. X T. 1," sagen die Verfasser des Entwurfs des neuen russischen Zivilgesetzbuchs, „gibt es fast gar keine allgemeinen Rechtssätze für das Recht der Schuldverhältnisse: dem Abschluß, der Erfüllung und der Aufhebung der Verträge sind im ganzen 26 Artikel gewidmet, wäh- in den Gesetzen des Königreichs Polen dieser Abschnitt mehr als 300 Artikel, in den Gesetzen der baltischen Gouvernements — fast 700 Artikel enthält. Bestimmungen, die sich auf die verbreitetsten Verträge beziehen, z. B. auf Kauf, Miete, Arbeitsvertrag, Auftrag, enthalten nicht einmal die Lösung der gewöhnlichsten Fragen. Über einzelne Verträge, wie über Spedition, Gesellschaft, Versicherung, Leibrente, Kommission, Schiedsvertrag, enthalten die Zivilgesetze keine Regeln. Dasselbe muß von der Geschäftsführung ohne Auftrag, von der ungerechtfertigten Bereicherung, von den Inhaberpapieren usw. gesagt werden. Überhaupt gibt es in keinem Teile unserer Zivilgesetze so viele Lücken wie im Recht der Schuldverhältnisse." Hier haben nun die Gerichte, voran der Senat, tatsächlich Hervorragendes geleistet.

Die Einteilung der Verträge in Real- und Konsensualverträge, in ein- und zweiseitige, in nominati und innominati wurde erst von der Praxis festgestellt (1871 N 15, 1871 N 788, 1881 N 110), ohne daß sie übrigens daraus auch immer die richtigen praktischen Folgen abgeleitet hätte. Die Gültigkeit der Verträge (auch Vorverträge) zugunsten Dritter ist vom Senat anerkannt worden (1877 N 372, 1878 N 257, 1880 N 174, 1896 N 8). „Der Dritte kann sich mit dem Vertrage einverstanden erklären oder auf die Rechte daraus verzichten; im ersten Falle wird er Teilnehmer des Vertrages, haftet daraus und darf auch Erfüllung fordern." „Bis zur Einverständniserklärung durch den Dritten hängt es vom Willen der Kontrahenten ab, den Vertrag zu ändern oder gänzlich aufzuheben (Art. 1545), von dem Zeitpunkt an aber, in dem der Dritte sein Einverständnis mit dem ihm eingeräumten Recht geäußert hat, erscheint er bereits als Teilnehmer des Vertrages und kann, gemäß Art. 1547, sein Recht nicht mehr auf einseitigen Wunsch der ursprünglichen Kontrahenten verlieren." Der Senat verlangt also den Beitritt des Dritten, und davon weicht auch die Literatur nicht ab, vgl. Šeršenevič, Lehrb. d. bgl. R.[7] 455f.: „Ein Vertrag zugunsten Dritter hat den Charakter einer Schenkung (?!), diese setzt aber das Einverständnis des Beschenkten voraus. Das Recht des Dritten entsteht also nach der allgemeinen Regel erst mit dem Zeitpunkt des von ihm erklärten Einverständnisses."

Die Einrede des nicht erfüllten Vertrages ist ebenfalls eine Schöpfung der Praxis. In zahllosen Entscheidungen hat der Senat der Regel Geltung verschafft, daß, wenn in gegenseitigen Verträgen die eine Partei eine solche Handlung unterläßt, durch die „eine Handlung oder die Bezahlung" der andern Partei bedingt ist, letztere von der Leistung der vereinbarten Handlungen oder der Bezahlung befreit wird (1874 N 275, 1875 NN 145, 326, 1877 N 45, 1878 N 154, 1880 N 214, 1895 N 62, 1910 N 40).

Über Abtretung der Forderungen enthält das Gesetzbuch nichts, außer der Bestimmung, daß die Abtretung von Darlehnsscheinen durch einen besondern Zessionsvermerk auf dem Scheine selbst erfolgen und dieser Vermerk innerhalb einer bestimmten Frist beglaubigt werden soll (Art. 2059, 2060). Der Senat (1871 N 788 u. a.) hat „auf Grund des allgemeinen Sinnes unserer geltenden Zivilgesetze" die Zessionslehre im modernen Sinne ausgebaut und sich über die Formvorschriften der Art. 2059, 2060 hinweggesetzt.

Daß die Lücke in betreff der Auslobung von der Praxis ausgefüllt wurde, und zwar mittels der Vertragstheorie, braucht uns nicht zu wundern — es gehörte dazu weder viel Geist noch Mut, gingen doch denselben Weg auch die Gerichte Frankreichs und Österreichs (vor der Novellierung des ABGB.), wo über die Auslobung ebenfalls keine gesetzliche Regel bestand.

Es ist charakteristisch für den Zustand des russischen Privatrechts, daß es den Kauf gar nicht als obligatorischen Vertrag kennt. Nach dem Wortlaut des Gesetzes kommt der Kauf bloß als „Mittel, Eigentum zu erwerben" in Betracht. Die ihn behandelnden Artikel 1381—1527 befinden sich dementsprechend nicht im IV. Buch des Bd. X/1: „von den Verbindlichkeiten aus Verträgen", sondern in Buch III: „von der Art des Erwerbes und der Befestigung der Rechte auf Vermögen im besondern". Dieses System erklärt sich durch die theoretische Ansicht des Grafen Speranski — des russischen Tribonian, der den Svod Zakonov 1833 redigierte —, daß der Kauf eine traditio symbolica sei. Die Senatspraxis hat seinen wahren Charakter enthüllt (1880 N 94, 1886 N 83, 1887 N 100, 1890 N 41 u. a.). Sie hat auch die umstrittene Frage, ob das Recht, Mineralien auf fremdem Boden zu gewinnen, Kauf beweglicher Sachen oder Miete sei, im erstern Sinne entschieden (1902 N 36). Entgegen den Art. 1384, 1389 wurden auch künftige Sachen (die Ernte des nächsten Jahres, die Erzeugnisse der zukünftigen Produktion) als mögliche Gegenstände des Kaufes erklärt (1870 N 1402, 1873 N 650, 1880 N 94). In mehreren Entscheidungen wurde — im Gegensatz zur herrschenden Meinung in der Literatur — die entgeltliche Abtretung von Rechten ebenfalls als Kauf betrachtet (1870 NN 40, 1017; 1875 NN 405, 543; 1878 N 256), wofür allerdings im Gesetze wenigstens Anhaltspunkte gefunden werden könnten.[1]) Nur Rechte, die untrennbar mit der Persönlichkeit verknüpft sind, z. B. die aus der Ehe oder ehelichen Geburt entstehenden, können nicht Gegenstand des Kaufes sein (1878 N 256, 1880 N 283). Die schwierige Unterscheidung des Kaufvertrags von dem ähnlichen, in dem russischen Gesetzbuch in Art. 1737f. geregelten Vertrage der „Postavka" (Lieferung), für den schriftliche Form

1) Auch Art. 1689—1701 des in Polen geltenden französischen Gesetzbuchs behandeln die Abtretung von Forderungen und anderen Rechten wie einen Kaufvertrag, Art. 1692f. sprechen ausdrücklich von Verkauf oder Abtretung der Forderung.

vorgeschrieben ist, wird vom Senat folgendermaßen gemacht: 1. der Lieferant braucht, im Gegensatz zum Verkäufer, nicht Eigentümer der zu liefernden Sachen zu sein, 2. den Gegenstand der können nur vertretbare Sachen bilden, 3. die Lieferung ist immer befristet (1880 N 94, 1886 N 83). In der letzten Entscheidung muß aber der Senat zugeben, daß manche der für die Postavka wesentlichen Merkmale auch beim Kauf vorkommen. Was dann? Augenscheinlich ist es eben unmöglich, die beiden Verträge auseinanderzuhalten, auch die Bemühungen des Senats konnten die Mißgeburt der Postavka, die ein noch unglücklicheres Geschöpf ist als der preußische „Lieferungsvertrag", nicht retten, und sie wird auch tatsächlich in der Praxis einfach ignoriert. Wo die Parteien im Vertrage von Lieferung sprechen, werden die Regeln des Kaufs angewendet, mit Ausnahme des Grundsatzes vom sofortigen Übergange des Eigentumsrechts und der Gefahr auf den Käufer — bei der Postavka ist dafür entscheidend der Zeitpunkt der Übergabe. Die Praxis hat auch erst die Rechte und Pflichten von Käufer und Verkäufer im einzelnen festgelegt. Danach trägt der Verkäufer grundsätzlich die Eviktionshaftung (1869 N 735, 1871 N 1121, 1892 N 61) — das Gesetz (Art. 1427, 1511) ist noch auf dem überall in der Rechtsgeschichte ursprünglich vorhanden gewesenen Standpunkt stehen geblieben und kennt nur die ausdrücklich bedungene Eviktionshaftung. Der Verkäufer haftet für den Schaden, den seine dem Kauf vorangegangenen Handlungen und Unterlassungen verursacht haben (1874 N 848, 1897 N 9), für Steuerrückstände aus dem Grundstück, auch wenn er von deren Bestehen nichts wußte (1880 N 134), für fehlendes Flächenmaß (1884 N 20), für den Schaden, den der Käufer dadurch erlitt, daß ihm ein Teil des Grundstücks entwehrt wurde, selbst dann, wenn der Verkäufer das Recht des Dritten zur Zeit des Verkaufs gar nicht kannte (1881 N 87). Die Haftung für Sachmängel kennt das Gesetz nur in bezug auf bewegliche Sachen (Art. 1514, 1516–1519), wobei es sich eigentlich bloß um dicta-promissa handelt. Der Senat und die Handelsgerichte haben die Lehre in reicher Kasuistik ausgebaut und erst die Gewährleistung im modernen Sinne eingeführt. Die ädilizischen Klagen konnten sich um so leichter Eingang verschaffen, als bereits das Gewohnheitsrecht der Bauern dem Käufer das Recht gewährt, entweder vom Vertrage zurückzutreten oder Minderung des Kaufgeldes zu verlangen (Pachmann, Obyčnoje pravo [Gewohnheitsrecht] I, 135 f.). Die Verzugsfolgen des Verkäufers beim Fixgeschäft wurden folgendermaßen bestimmt:

der Käufer ist nicht mehr verpflichtet, die Ware nach Ablauf der vereinbarten Frist anzunehmen (1874 N 191): sondern hat: a) das Rücktrittsrecht (es ist sonst im allgemeinen dem russischen Recht unbekannt) und kann dabei die von ihm gegebene Angabe zurückfordern (1873 N 749, 1875 N 597, 782, 869, 1877 N 187) oder b) er kann auch Erfüllung und Schadenersatz wegen verspäteter Erfüllung (1874 N 4) oder endlich c) Schadenersatz wegen Nichterfüllung verlangen (1879 N 375, Slg. der Entsch. d. IV. Dep. V N 109). Die Höhe des von einer Partei durch Leistungsverzug der andern erlittenen Schadens wird in der Praxis allgemein so festgestellt, daß die Differenz zwischen dem vereinbarten und dem Markt- oder Börsenpreis der Ware zur Erfüllungszeit ermittelt wird — abstrakte Berechnung (vgl. Entsch. des Petersburger Handelsgerichts 1879 in Sachen Günzburg gegen Koch und Schukov gegen Liftschart, Entsch. desselben Gerichts 1890 i. S. der Ulleischen Bergbaugesellschaft gegen Kaufmann und die Urteile des IV. Dep. 1880 N 687, 1894 N 256, des Zivilkassationsdep. 1879 N 375, 1882 N 126). Dem Käufer vertretbarer Sachen hat die Praxis auch das Recht eingeräumt, wenn der Verkäufer mit der Lieferung im Verzuge ist, sich die Ware anderwärts zu beschaffen und vom Verkäufer die Preisdifferenz zu verlangen — Deckungskauf (1879 N 375, Samml. der Entsch. des IV. Dep. V N 109).

Für den Mietvertrag hat die Praxis mehrere wichtige Vorschriften geschaffen. So haben schon zwei Entscheidungen aus älterer Zeit (1869 NN 663, 882) den Grundsatz: „Kauf bricht nicht Miete" aufgestellt und damit eine wichtige, vom Gesetze gar nicht geregelte Frage zweckmäßig entschieden (allerdings kann man vielleicht auf dieselbe Tendenz schon aus Art. 1706 schließen, der die Miete „zeitliches Eigentum" nennt). 1871 N 848 wurde auch die Vermietung von Sachen, die nicht im Eigentum des Vermieters stehen, gestattet, wenn sie sich nur in seinem tatsächlichen Besitz befinden und letzterer von keiner Seite bestritten wird. Über das Recht der Untermiete haben wir zwei entgegengesetzte Entscheidungen aus demselben Jahre 1870 — während die eine sie auch ohne Einwilligung des Vermieters zuließ, wenn nur im Vertrage kein ausdrückliches Verbot ausgesprochen ist, hat die andere dies nur dann für zulässig erklärt, wenn dieses Recht im Vertrage dem Mieter zugestanden wurde. Erstere Ansicht ist die herrschende geworden. Mit der Frage, wie es mit einer doppelten Vermietung derselben Sache an zwei verschiedene Mieter zu halten sei, befaßte sich die Entsch. 1880 N 118. Sie löste den Konflikt so, daß nicht der früher abgeschlossene Vertrag als der gültige anzusehen sei, sondern derjenige, welcher zuerst durch den Vermieter durch Übergabe der Mietsache an den Mieter erfüllt wurde, mit Ausnahme jedoch des Falles, wo der spätere Mieter bereits vom Abschluß des ersten Vertrags wußte und beim Vertragsabschluß nicht im guten Glauben handelte. Den partiarischen Vertrag, durch welchen ein Grundstück jemandem zur Bearbeitung überlassen wird, wobei das Entgelt in einem Teile der Ernte besteht, betrachtet der Senat als Arbeits-, nicht als Pachtvertrag (1869 N 408, 1871 N 206). Umgekehrt wird ein Vertrag, in dem sich der Mieter statt zur Entrichtung des Mietzinses zur Leistung einer Arbeit für den Vermieter verpflichtet, als Mietvertrag behandelt (1874 N 509). Die wichtigsten Grundsätze des Mietrechts sind in drei Senatsentscheidungen aus den 90er Jahren enthalten. 1899 N 78 wurde, obschon das russische Recht kein allgemeines Rücktrittsrecht beim Leistungsverzuge kennt, ausgesprochen, daß, wenn der Mieter sich ständig seiner Zahlungspflicht entzieht, der Vermieter das Recht hat, bei Gericht die Aufhebung des Vertrags zu beantragen; denn durch solche fortwährende Nichterfüllung der Verpflichtung des Mieters werde der Vertragszweck vereitelt. Wann der Eintritt dieser „fortwährenden Nichterfüllung" anzunehmen sei, wird leider nicht gesagt. 1899 N 80 verleiht dem Vermieter das Recht, wenn der Mieter die Sache nicht vertragsmäßig gebraucht, die Auflösung des Vertrags und nicht nur Schadenersatz, sondern auch Herausgabe der aus der Mietsache unrechtmäßig gezogenen Einnahmen zu verlangen. 1895 N 62 bestimmt für den Fall, daß die Mietsache nicht in einem dem Vertrage entsprechenden Zustande übergeben wird, daß der Vermieter für die Mängel haften müsse, sind sie aber derart, daß die Benützung der Sache gänzlich unmöglich werde, so könne der Mieter die Aufhebung des Vertrags bei Gericht beantragen. Letzteres Recht wird dem Mieter auch bei Untergang der Sache eingeräumt. Ist nur ein unbedeutender Teil der Sache untergegangen oder fehlerhaft geworden, so kann, nach derselben Entscheidung, der Mieter nur eine Minderung des Mietzinses fordern. Die Aufhebung des Vertrags (immer durch das Gericht) bei Vorhandensein von gesundheitsschädlichen Mängeln, wie Feuchte, Kälte, schlechte Öfen, wurde bereits in zahlreichen Entscheidungen aus den 70er Jahren bewilligt, wobei auch noch Schadenersatz zugesprochen wurde. 1901 N 87 spricht die Pflicht des Vermieters zu Ausbesserungen aus und räumt bei Säumigkeit des Vermieters dem Mieter das Recht ein, solche auf Kosten des Vermieters zu unternehmen. Für Beschädigung einer Wohnung durch eigenes Verschulden, durch Schuld seiner Angehörigen oder Dienstleute haftet der Mieter, „weil er als Nichteigentümer, sondern als bloßer Benützer des gemieteten Raumes kein Recht besitzt, darin irgendwelche Veränderungen oder Beschädigungen vorzunehmen“ (1903 N 12)!

Im Arbeitsvertrag hat die Praxis manche Lücke des gesetzten Rechts ausgefüllt, ohne aber im allgemeinen sich von neuen sozialen Ideen leiten zu lassen oder die von ihr selbst konstatierte „gewisse persönliche Abhängigkeit“ des Arbeitnehmers wesentlich zu mildern. Aus den auffallend wenigen Entscheidungen seien einige hervorgehoben. Trotz dem Wortlaut des Art. 2218, wonach bei Abschluß des Vertrages der Lohn bestimmt werden müsse, entschied der Senat, daß der Arbeitnehmer auch mangels einer solchen Bestimmung eine Entlohnung fordern dürfe, da Unentgeltlichkeit nicht vorausgesetzt werde — der Lohn sei in solchen Fällen durch Sachverständige, Lokalaugenschein usw. festzustellen (1874 N 713, 1877 N 144, 1878 N 65). Daß der Lohn auch dann auszuzahlen sei, wenn der Arbeitgeber sein Unternehmen, für das der Dienstvertrag abgeschlossen war, aufgelöst hat, wurde 1874 N 857 entschieden. Den Werkvertrag (Podrjad) hat die Praxis zwar von der Verbindung mit der Lieferung (Postavka), mit der er im Gesetze verknüpft erscheint, losgelöst, aber seine Unterscheidung vom Dienstvertrage nicht fest durchgeführt. Die unter den gegenwärtigen Verhältnissen sinnlos gewordene Vorschrift des Gesetzes, daß der Werkvertrag unbedingt schriftlich abgefaßt werden müsse (aus dem 18. Jahrh.) und nur Verträge mit Handwerkern mündlich sein dürfen, hat der Senat in glücklicher Weise gemildert, indem er Schriftlichkeit nur für einen Podrjad fordert, dessen Gegenstand nach Größe, Kompliziertheit und Wert ein „Unternehmen“ bildet; wo dies nicht der Fall sei, liege ein einfacher „Zakás“ vor, wie er mit Handwerkern abgeschlossen werde und für den ja das Gesetz selbst von dem Erfordernis der schriftlichen Form absieht (s. z. B. 1877 N 73).

Über den Auftrag enthält das Gesetzbuch eigentlich nichts: Art. 2291—2334 behandeln die Vollmacht. Der Senat hat 1870 N 1039 den Auftrag als zweiseitigen Vertrag zwischen Auftraggeber und Beauftragten definiert, der zwischen ihnen gegenseitige Rechte und Pflichten erzeugt, auf Grund deren der Auftraggeber dem Beauftragten die Weisung erteilt, in seinem Namen und unter seiner Verantwortung gewisse, bestimmte oder unbestimmte Handlungen vorzunehmen und der Beauftragte, unentgeltlich oder gegen Entgelt, die Erfüllung verspricht. Aus dieser Begriffsbestimmung allein könnte man den Unterschied zwischen Auftrag und Dienstvertrag noch nicht herausfinden. Aus anderen Entscheidungen ersieht man jedoch, daß der Senat augenscheinlich beim Auftrage in erster Linie an Besorgung von Rechtsgeschäften denkt, beim Dienstvertrage an faktische Leistungen. Natürlich mußte der Senat auch die Rechte und Pflichten der Parteien erst festlegen. Dies tat er in einwandfreier Weise. Danach ist der Beauftragte verpflichtet, die Grenzen seines Auftrages nicht zu überschreiten, die Interessen des Auftraggebers zu wahren, wobei er für etwaigen Schaden haftbar ist, hat Rechnung über die Ausführung des Auftrages zu legen, dem Auftraggeber alles, was er anläßlich der Erfüllung des Auftrages erlangt, herauszugeben und haftet für den Substituten, wenn ihm die Übertragung des Auftrages an einen solchen im Vertrage nicht erlaubt war oder wenn ihn bei der Auswahl dieser Person ein Verschulden trifft. Auch die Beziehungen zwischen Substitut und Beauftragtem und zwischen mehreren Beauftragten wurden in einer Reihe von Entscheidungen richtig geregelt.

Die Unterscheidung zwischen Vollmacht und Auftrag kennt der Senat und führt sie richtig durch, wobei er die Vollmacht als Vertrag betrachtet (1875 N 273). Auch die stillschweigende Vollmacht läßt er zu (1875 N 770, 1890 N 113), während sie dem Gesetzbuch unbekannt geblieben ist. Zur Aufhebung der Vollmacht, die nach dem Gesetze nur durch ein umständliches Verfahren möglich ist, genügt nach dem Senat auch die einfache Zurückziehung der Vollmachtsurkunde vom Bevollmächtigten (1891 N 91). In der Frage, ob auf den Widerruf der Vollmacht verzichtet werden dürfe, war die Senatspraxis schwankend. 1875 N 483 wurde entschieden, daß die Beziehungen zwischen Vollmachtgeber und Bevollmächtigten nach gegenseitiger Vereinbarung in besonderen Rechtsgeschäften festgelegt werden müssen und daß solche Verträge, die die Rechte und Pflichten der Parteien in bezug auf Entlohnung, Vertragsstrafe für vorzeitigen Widerruf der Vollmacht und dgl. bestimmen, den allgemeinen Regeln über die Verträge unterworfen und für die Parteien bindend sind, wenn ihr Ziel dem Gesetz, der öffentlichen Ordnung und der Sittlichkeit nicht widerspricht. In der Auslegung der Vollmacht verfällt der

Senat leider manchmal in unproduktiven Buchstabenkultus, so wenn er glaubt, aus der Bevollmächtigung zum Verkaufe noch nicht die Vollmacht zum Abschluß eines Vorvertrages dazu ableiten zu können (1871 N 171) oder wenn er bei Lösung der Frage, ob nicht die Grenzen der Vollmacht überschritten seien, ausschließlich den Inhalt der Vollmacht und nicht auch etwa bestehende Gewohnheiten entscheiden läßt (1870 N 777).

Aus den zahlreichen Entscheidungen, die die Lücken des Gesellschaftsrechts ausfüllen, seien einige erwähnt. Das vortreffliche Petersburger Handelsgericht („Prax. d. Petersb. Handelsg.“, 1879 N 56) fand, daß aus wichtigen Gründen ein Gesellschafter auch vor Ablauf der Vertragsfrist den Vertrag kündigen könne. Wenn der Vertrag bloß zum Inhalt hat, daß der angebliche Gesellschafter am Gewinn beteiligt ist, so liegt kein Gesellschaftsvertrag vor („Prax. d. Petersb. Handelsg.“ 1880—1881 N 71). Sollen spätere Änderungen des Vertrages, Auflösung der Gesellschaft, Wechsel in der Mitgliedschaft usw. ebenfalls (durch Rundschreiben)[1]) kundgemacht werden? und gilt der ausgetretene Gesellschafter bis zur Kundmachung des Austrittes den Dritten gegenüber noch immer als Gesellschafter? Während das Zivilkassationsdepartement (1890 N 94) die Frage verneinte, fanden die Handelsgerichte, daß Vertragsänderungen, wenn sie auch Dritten gegenüber gelten sollen, der Verlautbarung unterliegen müssen. Die Pflicht zur Rechnungslegung des vertretenden Gesellschafters, die Unwirksamkeit der Beschränkung seiner Vollmacht Dritten gegenüber (vgl. § 126 HGB.), das Recht der Gesellschaftsgläubiger, ihre Forderungen nach Belieben entweder an die Gesellschaft selbst oder an jeden einzelnen Gesellschafter zu richten („Prax. d. Petersb. Handelsg. 1878—79 NN 47, 52, der Senat läßt die Gesellschafter nur subsidiär haften), der Satz, daß der Tod eines Gesellschafters nur dann die Auflösung eines „Handelshauses“ (einer offenen Handelsgesellschaft) nach sich ziehe, wenn der Verstorbene (im Gesellschaftsvertrage oder in einer besonderen versiegelten Urkunde) keinen Rechtsnachfolger ernannte — das sind noch einige der wichtigsten von der Praxis geschaffenen Bestimmungen in Ergänzung des mangelhaften Gesellschaftsrechts.

Der Kommissionsvertrag spielt eine bedeutende Rolle in Rußland. Der ganze Binnen- und auswärtige Handel in den hauptsächlichsten Agrarprodukten vollzieht sich mit Hilfe dieses In-

1) Ein Handelsregister besteht nicht.

stituts (vgl. Motive zum Entwurf des neuen ZGB., Obligationenrecht, III 140). Um so peinlicher war der Mangel an Gesetzesvorschriften darüber (im Handelsgesetzbuch, Bd. XI/2 des Svod besagen die aus dem 18. Jahrh. stammenden Art. 43—46, 48, 49, 53 eigentlich bloß, daß der Kommissionär in bezug auf die Verantwortung vor dem Kommittenten dem Handlungsgehilfen und Bevollmächtigten gleichgestellt wird). Die Praxis, namentlich des IV. Dep. des Senats, hat hier die fehlende Rechtsquelle geschaffen. Ein neues Gesetz von 1910 hat ihre Ergebnisse im wesentlichen sanktioniert. Sie hat vor allem das Wesen der Kommission dahin festgestellt, daß durch sie ein Rechtsgeschäft für Rechnung des Auftraggebers, aber im Namen des Kommissionärs abgeschlossen werde. Was die Form des Vertrages betrifft, so wurde sowohl der schriftliche als der mündliche Abschluß zugelassen. Ähnlich § 362 HGB. wurde anerkannt, daß das Schweigen des Kommissionärs auf den Antrag des Kommittenten als Annahme zu gelten habe. Über die Pflichten des Kommissionärs wurde bestimmt, daß er fortlaufend von seinen Handlungen berichten müsse, dem Kommittenten zur Rechnungslegung verpflichtet sei, die Ware oder deren Wert und das erhaltene Geld rückerstatten müsse. Der Verkauf unter dem Limit ist ohne Einwilligung des Kommittenten nur dann gestattet, wenn ihm durch die Verzögerung Schaden entstehen könnte. Hat der Kommittent die nicht auftragsgemäß erfüllte Kommission nicht abgelehnt und auch nicht gegen die Handlungsweise des Kommissionärs Einspruch erhoben, sondern den Gegenstand des Rechtsgeschäfts benützt, so wird angenommen, daß er mit der Erfüllung einverstanden ist, und er darf nicht vom Kommissionär die Zurücknahme des Gegenstandes der Kommission gegen Rückgabe des Geldes fordern. Ist die Ware leicht verderblich und zögert der Kommittent mit einer Weisung, während dessen die Ware im Preise fällt, so darf der Kommissionär, wenn zu befürchten ist, daß seine aus den gemachten Vorschüssen entstandene Forderung unbefriedigt bleiben könnte, sein Pfandrecht an der Ware auch ohne gerichtliche Genehmigung verwirklichen (Sen.-Entsch. v. 25. April 1896). Die Versicherung der Ware gehört nicht zu den Obliegenheiten des Kommissionärs, wenn ihm keine entsprechende Weisung erteilt wurde. Er darf auch ohne besondere Ermächtigung weder Kredit erteilen noch solchen aufnehmen. Die gegenseitigen Abrechnungen zwischen Kommittent und Kommissionär sind auch nach Ablauf der in Art. 31 Bd. XI/2 für Handlungsgehilfen vorgeschriebenen einjährigen Frist zulässig, trotz der Gleichstellung von Handlungsgehilfen und Kommissionär im Gesetze (IV. Dep., 3. Dez. 1873). Entgegen dieser Gleichstellung hat übrigens das Zivilkassationsdepartement schon in der Entsch. 1876 N 43 die unterscheidenden Merkmale zwischen den beiden klargelegt. Der Kommittent, der dem Kommissionär den Verkauf der Ware an einem bestimmten Ort aufgetragen hat, wird verpflichtet, sich den örtlichen Handelsgebräuchen zu unterwerfen. Der Kommittent bleibt Eigentümer der Ware nur bis zum Zeitpunkt des Verkaufes durch den Kommissionär, von da an, mag der Auftrag richtig ausgeführt worden sein oder nicht, darf der Kommittent nur den erzielten Preis fordern. Da der Kommittent als Eigentümer der Kommissionsware anerkannt wird, so ist auch der Kommissionär verpflichtet, dem Kommittenten die Versicherungssumme zu erstatten, die er für die abgebrannte Ware erhielt.

Die Anweisung ist zwar der russischen Gesetzgebung nicht unbekannt, doch begnügt sie sich mit der bloßen Erwähnung. Juristisch bieten die betreffenden Bestimmungen gar nichts. Nicht besser ist die Lage im ehemaligen Russisch-Polen, wo die dort geltenden französischen Gesetzbücher ebenfalls über dieses Institut schweigen. Doch hat die dortige Gerichtspraxis die Lücken im Anschluß an die Handelsgebräuche ausgefüllt, und die dort gewonnenen Ergebnisse hat das Zivilkassationsdepartement des Senats sich angeeignet. Es wendet grundsätzlich auf Akkreditive die Vorschriften über Tratten an, verlangt demgemäß unbedingt einen Hinweis auf die erhaltene Valuta (1890 N 119)[1], schließt dagegen die Solidarhaftung der Schuldner aus (1890 N 67).

Über das Versicherungsrecht enthält der Bd. X/1 bloß ein Paar nichtssagende Artikel, der Bd. XI/2 regelt nur das Seeversicherungsrecht. Der Senat war also auf dem Gebiete des Versicherungsrechts lediglich auf die Satzungen der verschiedenen Versicherungsgesellschaften angewiesen und da auch diese unvollständig waren, so füllte er die Lücken rechtsschöpferisch aus, allerdings nicht immer glücklich. Einige Beispiele zur Erläuterung. Die Entsch. 1891 N 101 hatte über einen Fall zu urteilen, wo in der Police ausbedungen war, die Versicherungsgesellschaft hafte nicht für etwaige Beschädigung der aus Odessa nach der Krim versendeten landwirtschaftlichen Maschinen d. h. ihre Haftung erstreckte sich nur auf den Fall des vollständigen Verlustes. Der

1) Entsprechend der alten WO. Die neue WO. von 1903 hat die Valutaklausel aufgehoben, sie fällt also auch für Anweisungen weg.

Senat entschied, die in der Police enthaltene Beschränkung der Haftung des Versicherers sei ungültig, da sie der Natur der Versicherung widerspreche, die zum Ziele habe, den Versicherten vor dem durch den Unglücksfall verursachten Schaden zu bewahren, also unabhängig vom Umfange des letzteren und davon, ob bloß eine teilweise Beschädigung des versicherten Gutes oder sein vollständiger Verlust vorliege. Der Senat erschrak aber selbst über seine Kühnheit, die ihn hier zu einem Urteil auf Grund der Natur der Dinge führte und setzte gleich auf seine Entscheidung ein Gesetzespflaster: „Es ist zu berücksichtigen, daß die Fälle der Nichthaftung der Gesellschaft in den Satzungen vorgesehen sind und nicht durch private Vereinbarung vermehrt werden dürfen. Die in die Quittung aufgenommene Bestimmung über die Befreiung der Gesellschaft von der Haftung für bloße Beschädigung ist demnach als den Satzungen widersprechend, ungesetzlich und auf Grund des Art. 1530 Bd. X/1 nichtig.“ Der Entscheidung 1888 N 73 lag die Frage zugrunde, ob der Versicherer haftet, wenn ihm ein Wertpapier zur Versicherung übergeben ist, das bereits früher gezogen war. Die Entscheidung verneinte dies, indem sie von dem für alle Arten von Schadenversicherung geltenden allgemeinen Grundsatz ausging, daß der Versicherer nicht hafte, wenn das Ereignis, gegen dessen Eintritt die Versicherung abgeschlossen war, bereits im Augenblick der Versicherung eingetreten war. Die Entsch. 1892 N 4 schränkte die übliche Bestimmung der Policen von der Nichthaftung bei Selbstmord ein: die Versicherungsgesellschaft werde von der Haftung nur im Falle des bewußten Selbstmordes befreit. Derjenige aber, der die Auszahlung der Versicherungssumme verlange, müsse beweisen, daß der Selbstmord im Zustande der Geistesgestörtheit ausgeführt worden sei. Die bekannte Frage vom Rechte des „lebenslänglichen Besitzers“ (Nießbrauchers) auf die Versicherungssumme beantwortete der Senat 1898 N 5: „Der Eigentümer eines Gutes, das in lebenslänglichem Besitze ist und von dem lebenslänglichen Besitzer gegen Feuer versichert wurde, hat, als am Versicherungsvertrage unbeteiligte Person, kein Recht, gegen die Auszahlung der Versicherungssumme an den Versicherten zum Zwecke der Erneuerung der abgebrannten Gebäude Einwendungen zu erheben, denn ohne diese Auszahlung ist es unmöglich das Interesse zu befriedigen, das der lebenslängliche Besitzer mit der Versicherung im Auge hatte d. h. die volle Benützung des Gutes, gemäß Art. 533[4].“ Der Grundsatz, daß nach Bezahlung der Versicherungssumme die Schadenersatzforderung des Versicherten gegen dritte Personen auf den Versicherer übergeht, wurde in 1878 N 264, 1882 N 44, 1883 N 87 u. a. des Zivilkassationsdepartements und in 1881 N 694 des IV. Dep. ausgesprochen (allerdings enthielten schon die meisten Satzungen und Policen der Gesellschaften diese Regel).

Die Begriffsbestimmung des Verwahrungsvertrages lautet (1893 N 95): „Der Verwahrungsvertrag ist ein solches Rechtsverhältnis, kraft dessen eine Person die einer andern gehörende Sache oder sonstigen Wertgegenstand zur Verwahrung übernimmt mit der Verpflichtung, sie zur bestimmten Zeit oder auf Widerruf zurückzugeben ..., die Sachen unterliegen also der Rückgabe in natura als individuell bezeichnete Gegenstände" (früher fand der Senat, daß es dem Verwahrer gestattet sein könne, auch das Äquivalent für die Sachen zu leisten). In den Entsch. 1873 N 1577, 1875 N 982 wurden als mögliche Gegenstände des Verwahrungsvertrages nur leblose bewegliche Sachen, nicht aber Vieh, Bienen u. dgl. anerkannt (weil sich angeblich der Ausdruck „Sachen" in Art. 2100 auf letztere nicht beziehe). Über die Form des Vertrages bestimmt Art. 2111: „Bestreitet der Verwahrer die Übernahme der Sache und gelangt die Angelegenheit zur gerichtlichen Untersuchung, so ist der Kläger verpflichtet, einen Schein des Verwahrers vorzulegen, und dieser Schein bildet nur in dem Falle vollständigen Beweis gegen seinen Aussteller, wenn er zur Gänze vom Anbeginn bis zum Ende von der Hand des Verwahrers geschrieben und unterschrieben ist und wenn in ihm genau erklärt ist, was eben in Verwahrung übernommen worden ist" usw. Daraus folgert man, daß zum Abschluß einer freiwilligen Verwahrung die schriftliche Form erforderlich ist und daß deshalb im Falle der Bestreitung der Verwahrungsübernahme durch den Beklagten das Zustandekommen des Vertrages — gemäß Art. 409 ZPO.[1]) — nur durch schriftliche Beweismittel, nicht durch Zeugenaussagen bewiesen werden darf (1879 NN 46, 104). Einige Ausnahmen von Art. 2111 kennt Art. 2112: der erste Fall betrifft das depositum miserabile (dépot nécessaire des französischen Rechts), vgl. auch

1) Art. 409 ZPO.: „Zeugenaussagen können als Beweis nur solcher Ereignisse angesehen werden, für die laut Gesetz die schriftliche Bekundung nicht erforderlich ist. Von dieser allgemeinen Regel werden die Fälle ausgenommen: 1. wenn die Urkunde über die Übergabe einer Vermögenschaft in Verwahrung infolge eines Brandes, einer Überschwemmung und anderer Unglücksfälle nicht errichtet werden konnte..."

Art. 409 ZPO.; der zweite Fall bildet die Verwahrung von Sachen der Soldaten im Kriegsfall; der dritte Fall ist der wichtigste: in Verwahrungsverträgen, die im Handel abgeschlossen werden „und überhaupt nach kaufmännischer Gepflogenheit durch Personen des Handelsstandes sowohl mit Angehörigen dieses Standes als mit Personen, die ihm nicht angehören", sind ebenfalls schriftliche Beweismittel nicht erforderlich. Konnten diese dürftigen Ausnahmen genügen? Natürlich nicht. Der Senat sah sich bald genötigt, weitere zuzulassen. So wurde schon 1870 N 1646 die „Frage", ob man die Abgabe der Kleider in die Theatergarderobe durch Zeugen beweisen dürfe, bejahend beantwortet. Von besonderem Interesse ist aber für uns die Entsch. 1896 N 53. Es handelt sich um eine Klage aus drei Wechseln, die dem Schuldner, einem nahen Verwandten der Klägerin, der zusammen mit letzterer wohnte, von ihr zur Aufbewahrung überlassen waren und nach seinem Tode unter seinen Papieren vorgefunden wurden. Die zweite Instanz stellt die Tatsachen auf Grund von Zeugenaussagen zugunsten der Klägerin fest. Die Erben des Beklagten greifen das Urteil wegen Verletzung des Art. 2111 an. Der Senat sagt: „Es ist nicht zu leugnen, daß vorliegendes Übereinkommen eine gewisse Ähnlichkeit mit dem Verwahrungsvertrage besitzt. Daraus folgt aber nicht, daß auf es die strengen Formen anzuwenden sind, die vom Gesetz für letztern vorgeschrieben sind. Überhaupt sind die Formen der Verträge, die vom Gesetze zum Schutze der Interessen der Kontrahenten eingeführt worden sind, für Verhältnisse berechnet, die sozusagen geschäftlicher Art sind, gewöhnlich auf längere Zeit abgeschlossen werden, schon bei ihrem Abschlusse an die Wichtigkeit ihrer bürgerlichen Folgen erinnern und darum eine aufmerksame Behandlung hervorrufen. Diese Formen auf häusliche Verhältnisse erstrecken, denen gewöhnlich keine ernste Bedeutung im Sinne des bürgerlichen Rechts beigemessen wird, die fortgesetzt entstehen und vergehen und die üblicherweise verhältnismäßig geringfügige Interessen berühren, die die Mühe und Kosten, die mit der Beobachtung einer Form verbunden sind, nicht bezahlt machen — hieße gegen die Anforderungen des Lebens vorgehen und statt des Schutzes der Rechte überflüssige Erschwerungen bereiten. Auch in unseren Gesetzen über die Verwahrung (Art. 2100—2124 Bd. X/1) werden augenscheinlich keine der vorliegenden ähnliche Vereinbarungen vorausgesetzt, da sie für den Vertrag solche Forderungen aufstellen, die absolut unvereinbar sind mit den alltäglichen ständigen

Beziehungen der zusammenwohnenden Mitglieder einer Familie oder solcher Personen, die eine gemeinsame Hauswirtschaft führen (z. B. die Regeln über Rechtsfähigkeit des Verwahrers, die in den Art. 2101—2102 dargelegt sind). Darum ist vorliegender Fall, gemäß Art. 9 ZPO., nicht nach dem Wortlaut dieser Vorschriften, die auf ihn keine unmittelbare Anwendung finden, zu entscheiden, sondern lediglich nach ihrem allgemeinen Sinn als solcher Gesetze, die auf diesen Fall am meisten passen". Die Bedeutung dieser und ähnlicher Entscheidungen ist um so höher einzuschätzen, als die Literatur in Rußland im großen und ganzen ziemlich formalistisch denkt und in ihr sogar die „neue Richtung", die Prof. Umov[1]) schon 1873 gefordert hat und die unter anderem die Aufdeckung der in den Bestimmungen des Svod enthaltenen Grundsätze verfolgen sollte, noch immer nicht die ausschließlich herrschende ist. So tritt z. B. Pobědonoscev in seinem Kursus des Zivilrechts (III, 467) ausdrücklich gegen die freiere Handhabung des eben erwähnten Art. 2111 durch den Senat auf.

Die Begriffsbestimmung, die der Senat für den Darlehnsvertrag gibt (im Gesetzbuch fehlt sie, wie bei den meisten Verträgen), ist nicht sehr scharf. 1877 N 140 wurde entschieden, daß der wesentliche Unterschied des Darlehns von der Leihe darin bestehe, daß der Darlehnsschuldner zur Bezahlung der geliehenen (Geld-)Summe an den Gläubiger verpflichtet sei, während die Leihe zur Rückgabe der Sache im ursprünglichen Zustand und von derselben Art verpflichte. 1873 N 1626 ist ein Vertrag, wonach Spiritus zur Benützung überlassen wurde unter der Bedingung der Rückgabe eines ebensolchen Quantums, als ein eigenartiger Vertrag, der weder Darlehen noch Leihe sei, befunden worden. Den gefährlichen Art. 2013 („Die geliehene Summe muß in russischer Münze bestimmt sein") hat der Senat dahin „ausgelegt", daß die Bestimmung in ausländischer Währung das Darlehen nicht ungültig mache, nur werde in diesem Falle die Notariatsurkunde wie eine Privaturkunde behandelt (1888 N 37). Zu bedauern ist dagegen die Stellung des Senats dem Art. 2023 gegenüber. Es ist dies eine der wenigen Bestimmungen des Bd. X/1, die sozialen Geist verraten: „In Darlehensverträgen, in denen die vereinbarte Entschädigung für die Benützung des Kapitals den gesetzlichen Zinsfuß übersteigt, hat der Schuldner nach Ablauf von sechs Monaten seit dem Abschluß des Darlehens das Recht,

1) In seiner in Moskau gehaltenen Antrittsvorlesung „Begriff und Forschungsmethoden des bürgerlichen Rechts".

jederzeit das ausgeliehene Kapital zurückzuerstatten, wobei nur der Gläubiger schriftlich spätestens drei Monate zuvor benachrichtigt werden muß." Die Entsch. 1897 N 3 fand nun, daß die Regel dieses Artikels ausschließlich zum Schutze des Privatinteresses des Schuldners, nicht aber im öffentlichen Interesse erlassen sei, der Schuldner könne also darauf verzichten oder sich verpflichten, den Gläubiger für den Schaden, den er durch die vorzeitige Rückzahlung der Schuld erleiden würde, zu entschädigen. Ich habe bereits vor längerer Zeit in der Zeitschrift „Vèstnik prava" (1905 N 4, 279) auf das Unrichtige dieser Ansicht hingewiesen und den Charakter des Art. 2023 als einer zwingenden Norm hervorgehoben (der Entwurf des neuen ZGB. stellt sich schon auf diesen Standpunkt und hat dem entsprechenden Art. 380 Entw. zwingenden Charakter verliehen).

Die Formvorschrift für die Bürgschaft gab ebenfalls Anlaß zur freieren Rechtsanwendung durch den Senat. Nach Art. 1562 entsteht die Bürgschaft durch die eigenhändige Unterschrift des Bürgen auf der Haupturkunde nach der Unterschrift des Schuldners. Der Senat hat sich nicht gescheut, von dieser ausdrücklichen Vorschrift abzugehen, indem er die Bürgschaftserklärung auf einer gesonderten Urkunde zuließ (1880 N 267 und zwei ältere Entscheidungen) und nur verlangte, daß in letzterer auf die bereits bestehende Hauptverbindlichkeit Bezug genommen werde.[1]) Ja, sogar in drei Entscheidungen aus den 70er Jahren wurde Art. 1562 dahin erläutert, daß die Bürgschaft sowohl gleichzeitig mit dem Abschluß des Hauptvertrages als auch später geleistet werden dürfe, „wenn dies nur bis zum Ablauf der in der Obligation bestimmten Erfüllungszeit geschieht".

Auf Inhaberpapiere wendete die Praxis zuerst Art. 534 an („Bewegliche Sachen gelten bis zum Beweise des Gegenteils als Eigentum desjenigen, der sie innehat"). Später wurde indes erklärt, der gutgläubige Erwerber werde Eigentümer, selbst wenn der Veräußerer nicht das Eigentum an dem Papier hatte (1884 N 42, 1886 N 33, 1892 N 18, 1898 N 15) — die Vindikation von Inhaberpapieren ist also auch in Rußland unzulässig (vgl. oben). Für die Veräußerung von Inhaberpapieren gilt die für bewegliche Sachen bestehende Regel, daß sie in Form der einfachen Übergabe zu geschehen habe (1885 N 27).

---

[1]) Rosenberg a. a. O. ist dies unbekannt geblieben — er glaubt, daß die Bürgschaft tatsächlich immer auf der Haupturkunde erklärt werden müsse.

Von großem Werte ist die Schaffung von Bestimmungen über die ungerechtfertigte Bereicherung durch den Senat. Eine gesetzliche Handhabe fehlt vollständig. Durch kühne „Auslegung" des Art. 574 ist es aber gelungen, die Lücke zu füllen. Mit diesem Artikel beginnt das 6. Kapitel des 2. Abschnittes des II. Buches der Zivilgesetze. Die Überschrift des Kapitels lautet: „Über das Ersatzrecht für erlittenen Schaden", und Art. 574 bestimmt: „Da nach allgemeinem Gesetze niemand ohne Gericht der ihm gehörenden Rechte verlustig gehen kann, so legt einerseits jeder Verlust am Vermögen und der jemandem verursachte Schaden die Pflicht, Ersatz zu leisten, auf, andererseits erzeugt er das Recht Ersatz zu fordern." Einem deutschen Juristen wird es unerfindlich bleiben, wie man auf diesen Worten, die eine allgemeine Regel für die Schadenersatzpflicht aufstellen, das gänzlich verschiedene Institut der ungerechtfertigten Bereicherung begründen kann. Der Senat argumentierte aber folgendermaßen: „Die Einleitungsworte dieses Gesetzes zeigen, daß es auf den allgemeinen Grundsätzen des Rechts und der Billigkeit beruht. Art. 574 bildet also eine allgemeine Regel, deren Anwendungsfälle durchaus nicht mit den Bestimmungen der nachfolgenden Artikel (über Schadenersatz) erschöpft sind. Aus diesem Artikel folgt der allgemeine Grundsatz, daß sich niemand auf fremde Kosten bereichern darf." Die naturrechtliche Auffassung, in Verbindung gesetzt mit einer für ganz andere Zwecke geschaffenen Gesetzesstelle! Und weiter sagt der Senat: „Die Pflicht zur Ersatzleistung infolge unentgeltlicher Bereicherung auf fremde Kosten findet Platz nicht nur in den Fällen des Besitzes eines fremden Gutes, der Fruchtziehung daraus oder seiner Veräußerung, diese Pflicht besteht auch dann, wenn ein bestimmtes Vermögensstück des Klägers, wenn auch ohne Willen des Beklagten, unrechtmäßig an einen Dritten gelangt ist, sofern der Beklagte dadurch, wenn auch keinen unmittelbaren Nutzen erhielt, so doch von seiner Verpflichtung dem Dritten gegenüber zur teilweisen Vermögensübertragung an ihn befreit wurde" (1891 N 18, 1893 N 73, 1894 N 76). Und in der Entsch. 1896 N 49 wird offen zugegeben, daß die Bereicherung auf fremde Kosten („ohne gesetzlichen Grund dazu") eine der Grundlagen der Klagen auf Schadenersatz bildet. In seinem Bestreben, die vorhandene Gesetzeslücke zu schließen und die Kondiktionenlehre möglichst auszubauen, geht der Senat entschieden zu weit. Er kennt nicht einmal die den westeuropäischen Rechten geläufigen Einschränkungen der Bereicherungsklagen (vgl. §§ 817, 814 BGB.) — immer und überall, wo eine ungerechtfertigte Bereicherung vorliegt, hat die Herausgabe unbedingt zu erfolgen! Aber nicht nur die ungerechtfertigte Bereicherung, sondern sogar die der russischen Gesetzgebung ebenfalls unbekannte Geschäftsführung ohne Auftrag wurde aus demselben Art. 574 abgeleitet. Die Entsch. 1887 N 13 hatte folgende Frage zu beantworten: Ist ein Dritter, der durch Vermittlung eines andern Geld für Zwecke eines fremden Gutes ohne Willen des Eigentümers gab, berechtigt, von letzterem Ersatz zu fordern, oder darf er diese Forderung nur an den Mittelsmann richten? Der Senat entschied: Da in solchen Fällen das Forderungsrecht aus dem in Art. 574 der Zivilgesetze enthaltenen grundlegenden juristischen Prinzip erfließt, gemäß welchem niemand ohne gesetzlichen Grund den Nutzen aus fremdem Vermögen oder fremden Handlungen sich aneignen und zum Nachteil eines andern sich bereichern darf, so ist es zweifellos, daß auf Grund der allgemeinen Regel des Art. 574 der Eigentümer, in dessen Interesse das fremde Geld ausgegeben war, verpflichtet ist, dem Dritten seine Kosten zu ersetzen, andererseits aber ist gemäß Art. 574 einer Klage auf Herausgabe der Bereicherung nur dann stattzugeben, wenn der Kläger den Nutzen für den Eigentümer des Vermögens nachgewiesen hat, und nur in dem Umfange, in dem der Nutzen tatsächlich erfolgt ist (ähnlich 1889 N 23).

V.

Sogar im Familien- und Erbrecht blieb die rechtsschöpferische Tätigkeit der Praxis nicht aus, wenn sie auch hier geringer war. Das Recht der Eltern, die Herausgabe ihres Kindes von jedem Dritten zu verlangen, wurde vom Senat in zwei bekannten Entscheidungen 1876 N 199 und 1897 N 81 anerkannt. Er gelangte dazu auf Grund der Art. 172, 173, 177 der Zivilgesetze. Natürlich dienten diese Hinweise nur zur formalen Zierde der Entscheidungen, welche in Wirklichkeit vollkommen neues Recht schufen. Davon kann man sich leicht überzeugen, wenn man den Text dieser Bestimmungen durchliest — Art. 172: „Die Eltern sind verpflichtet, den minderjährigen Kindern Nahrung, Kleidung und gute, ehrliche, ihrem Stande entsprechende Erziehung zu geben"; Art. 173: „Die Eltern haben ihr ganzes Augenmerk auf die sittliche Erziehung ihrer Kinder zu richten und müssen bestrebt sein, durch häusliche Erziehung ihre Sitten zu bilden und den Absichten der Regierung entgegenzukommen. Übrigens steht es den Eltern frei, ihre Kinder zu Hause zu erziehen oder sie in öffentliche Anstalten abzugeben, die von der Regierung oder von Privatpersonen gegründet sind"; Art. 177: „Die Kinder haben den Eltern treuherzigen Respekt, Gehorsam, Ergebenheit und Liebe zu erweisen, ihnen in Wirklichkeit zu dienen, von ihnen mit Respekt zu sprechen und elterliche Ermahnungen und Belehrungen geduldig und ohne Murren zu ertragen. Der Respekt der Kinder vor dem Andenken der Eltern muß auch nach dem Ableben der Eltern bestehen" (dieser letzte, schon ganz altertümlich anmutende Artikel ist dem Gesetzbuch des Zaren Alexei von 1649 entlehnt).

In diesem Falle handelte es sich um Erweiterung der Rechte der Eltern. Minder erfolgreich war der Senat dort, wo es sich um Einschränkung oder Entziehung der elterlichen Gewalt wegen Mißbrauchs derselben handelte. Nach dem russischen Gesetz haben die Eltern zwar keine Nutznießung an dem Vermögen der Kinder, aber ihre persönliche Gewalt ist unbeschränkt und sogar lebenslänglich, sie besteht, wie sich manche Juristen ausdrücken, im Interesse des Vaters, nicht aber der Kinder. Die Gerichte konnten die Härte des Gesetzes nur wenig mildern. Denn bei dem unbefriedigenden Zustand des Vormundschaftswesens und dem Mangel an Anstalten, wo verwahrloste und mißbrauchte Kinder untergebracht werden könnten, war die Entziehung der elterlichen Gewalt und Überlassung der Kinder der Fürsorge fremder Personen nur ausnahmsweise möglich. Der Senat hat dafür keine leitenden Grundsätze aufgestellt.

In einer andern Hinsicht hat er das Gesetz umgeändert, wenn auch nicht gebessert. Nach Art. 172 sind die Eltern, wie wir oben sahen, nur den minderjährigen Kindern gegenüber unterhaltspflichtig. Die Entsch. 1880 N 182, 1893 N 106 fanden aber, daß „nach dem allgemeinen Sinn der diesen Gegenstand betreffenden Artikel des Svod" die Pflicht der Eltern, ihre Kinder zu erhalten, durch keinen Termin beschränkt wird, sondern so lange andauert, als die Kinder dessen bedürfen.

Daß sich im Erbrecht die rechtsschöpferische Tätigkeit des Senats weniger bekundete als in den andern Teilen, ist zu bedauern. Denn gerade das Erbrecht ist besonders reich an veralteten, dem modernen Rechtsgefühl vollständig widersprechenden Normen und wird sich in seiner heutigen Gestalt auch nach Wiederherstellung der alten Ordnung in Rußland nicht mehr aufrechterhalten lassen. Die Gerichte haben schon früher versucht, manche Bestimmungen umzudeuten und das Stillschweigen des

Gesetzes zur Einführung neuer Rechtssätze auszunützen. Sie haben für die Annahme der Erbschaft Fristen eingeführt, damit der Erbe die Möglichkeit gewinne, den Stand des Nachlasses kennen zu lernen, suchten die Erbenhaftung zu beschränken, die Interessen der Erben, der Vermächtnisnehmer und der Gläubiger miteinander in Einklang zu bringen usw. Der Senat wies alle diese Versuche zurück. Ja, es wurde sogar in älteren Entscheidungen (1868 N 308, 1870 N 22) die freie Auslegung der Testamente für unzulässig erklärt. Zur Begründung dieser absonderlichen Jurisprudenz, die die Erforschung des wahren Willens des Erlassers für unzulässig hielt, mußte Art. 1026 herhalten: „Die Vermögen und die Personen, denen jene hinterlassen werden, sind im Testament genau anzugeben. Darum sind Testamente, die mit einem augenscheinlichen Fehler in der Person oder im hinterlassenen Vermögen selbst errichtet sind, ungültig." Der Senat sah zum Glück bald ein, daß diese ganz andere Zwecke verfolgende Stelle keine Begründung für eine Auslegung des letzten Willens nach dem bloßen Buchstaben abgeben kann. In den Entsch. 1875 N 27, 1878 N 274, 1886 N 34 u. a. wurde bereits die Auslegung des Testaments nach der Absicht des Erblassers und gemäß seinem wahren Willen gestattet, indem zu diesem Zwecke sowohl die Vergleichung der einzelnen Teile des Testaments untereinander als auch die Berücksichtigung des allgemeinen Sinnes des ganzen Testaments für zulässig erklärt wurde. Von sonstigen Entscheidungen seien erwähnt 1884 N 50: Ausschlagung der Erbschaft zum Nachteil der Gläubiger ist anfechtbar[1]); 1899 N 90: der Erbe muß im Augenblick des Todes des Erblassers bereits existieren, zum mindesten erzeugt sein; 1887 N 71: der überlebende Ehegatte haftet für die Schulden des verstorbenen Gatten nur im Ausmaße des erhaltenen gesetzlichen Erbteils.

VI.

Über das internationale Privatrecht enthalten die russischen Zivilgesetze ganz wenige Bestimmungen, auch in der Zivilprozeßordnung finden sich darüber nur zwei Artikel. Das wurde in der Literatur begrüßt (Gambarov, Kursus des bgl. Rechts I, 313): „Der Hauptvorzug der Kollisionsnormen unserer allgemeinen Gesetzgebung ist ihre geringe Anzahl, die viel Raum für die theoretische und praktische Bearbeitung der Fragen des inter-

1) Das neue Anfechtungsgesetz vom 3. Juli 1916 erklärt alle Unterlassungen der Schuldner zum Nachteil ihrer Gläubiger für anfechtbar (Art. 10).

nationalen Privatrechts bietet." Leider hat die Praxis von dieser Möglichkeit nicht genug Gebrauch gemacht. Der Senat hat nur einige grundlegende Entscheidungen getroffen.

Für die Handlungsfähigkeit sind nach Entsch. 1881 N 183 die Nationalgesetze der betreffenden Person maßgebend.

Für die Erfüllung einer Obligation kommen die Gesetze des Erfüllungsortes in Betracht (1884 N 140, 1885 N 79, 1886 N 91, 1889 N 97, anders 1906 N 57: maßgebend sei die Parteiautonomie). „Darum sind auf Wechselklagen, wenn der Wechsel, obschon im Auslande ausgestellt, doch einen Zahlungsort auf dem Gebiete Rußlands bestimmt, die russischen Verjährungsgesetze anzuwenden" (1895 N 89). Über die Verjährungsfrist findet sich übrigens eine Regel in den Zivilgesetzen — es ist dies der 1864 neu geschaffene Art. 1549[1] (vgl. den ähnlichen Art. 708 ZPO.), laut dem auf Rechtsgeschäfte, die von russischen Staatsangehörigen im Auslande „nach den Gesetzen jenes Landes" abgeschlossen wurden, die dortige Verjährungsfrist anzuwenden sei, wenn sie länger als die russische sei. Der Senat hat 1890 N 12 denselben Grundsatz auch auf Fälle, in denen die fremde Verjährungsfrist kürzer ist, angewendet, sofern die betreffenden Verträge nach ausländischem Rechte zu beurteilen sind.

Für die Legitimation unehelicher Kinder gilt russisches Recht (1894 N 62). Auf die Ehen der Ausländer wurde ebenfalls das russische Gesetz angewendet (Entsch. vom 10. 1. 1899 i. S. Chmelnik). Demnach ist auch die Möglichkeit „diplomatischer" Ehen der Ausländer für Rußland zu leugnen. Für russische Staatsangehörige wurde der Grundsatz locus regit actum nicht befolgt: „Ein russischer Untertan (evangelischen Glaubens) kann die Ehe nur durch kirchliche Trauung schließen: die Außerachtlassung dieser Regel zieht die Nichtanerkennung der Ehe in Rußland nach sich, selbst wenn sie den Gesetzen des Staates, wo sie geschlossen war, entsprach" (1899 N 39).[1])

Gemäß 1902 N 99 unterliegen Ausländer, die ständig in Rußland leben, den russischen Gesetzen und dürfen ihr Vermögen sowohl an Ausländer als an russische Staatsangehörige frei vererben, wobei ihr Verfügungsrecht über das Vermögen durch die allgemeinen Gesetze des Reiches bestimmt wird, soweit diese nicht durch Verträge mit fremden Staaten über die Behandlung

1) Über eheliches Güterrecht vgl. die von Neubecker, Der Ehe- und Erbvertrag im internationalen Verkehr, 214f., besprochenen Entscheidungen.

der Nachlässe abgeändert wurden. Ein solcher Vertrag ist 1874 mit Deutschland abgeschlossen worden, er enthält aber keine besonderen Bestimmungen betr. das vom Ausländer errichtete Testament, woraus folgt, wie der Senat feststellt, daß auch in bezug auf die in Rußland verstorbenen deutschen Reichsangehörigen das allgemeine Gesetz gilt, so daß ein Deutscher über sein in Rußland befindliches Vermögen auch ohne Beobachtung der in seinen Heimatgesetzen enthaltenen Beschränkungen letztwillig verfügen kann.

Für Prozeßgesetze gilt der Satz, daß sie „Kraft und Geltung nur innerhalb des Staates haben, dessen Gerichtsbehörden sich von ihnen leiten lassen müssen (1911 N 70).

Literaturverzeichnis.

Gambarov, Kurs graždanskago prava (Kursus des bürgerlichen Rechts), 1911. — Holmsten, „Juridičeskaja Lėtopiś", 1892 H. 1. — Meier, Russkoje gražd. pravo (Russ. bürgerliches Recht), 1894. — Motive z. Zivilgesetzbuch, Obligationenrecht (russisch), 1899. — Neubecker, Der Ehe- u. Erbvertrag im internationalen Verkehr, 1914. — Oršanskij, Isslědovanija po russkomu pravu (Untersuchungen aus dem russ. Recht), 1892. — Pachmann, Obyčnoje gražd. pravo v Rossiji (Das Gewohnheitsrecht in Rußland), 1877. — Pobědonoscev, Kurs gražd. prava (Kursus des bürgerlichen Rechts), 1896. — Rosenberg, Deutsche Juristen-Zeitung, 1918 N 19/20. — Šeršenevič, Učebnik gražd. prava (Lehrb. des bürgerlichen Rechts), 7. Aufl. 1909. — Schöndorf, Z. f. d. gesamte Handels- u. Konkursrecht 72, 1913. — Derselbe, Juristische Wochenschrift 50, 1921. — Derselbe, „Věstnik prava", 1905. — Umov, Ponjatije i metody isslědovanija gražd. prava (Begriff und Forschungsmethoden des bürgerlichen Rechts), 1873. — Vaškovskij, Učebnik gražd. prava (Lehrb. des bürgerlichen Rechts), 1896.

GPSR Compliance

The European Union's (EU) General Product Safety Regulation (GPSR) is a set of rules that requires consumer products to be safe and our obligations to ensure this.

If you have any concerns about our products, you can contact us on ProductSafety@springernature.com

In case Publisher is established outside the EU, the EU authorized representative is:

Springer Nature Customer Service Center GmbH
Europaplatz 3
69115 Heidelberg, Germany

Batch number: 10815964

Printed by Printforce, the Netherlands